A Summer by the Sea: Bilingual Norwegian-English Short Stories for Norwegian Language Learners

Coledown Bilingual Books

Published by Coledown Bilingual Books, 2023.

While every precaution has been taken in the preparation of this book, the publisher assumes no responsibility for errors or omissions, or for damages resulting from the use of the information contained herein.

A SUMMER BY THE SEA: BILINGUAL NORWEGIAN-ENGLISH SHORT STORIES FOR NORWEGIAN LANGUAGE LEARNERS

First edition. October 18, 2023.

ISBN: 979-8223747024

Written by Coledown Bilingual Books.

Table of Contents

Små mysterier i St. Olavsgate

Historien om St. Olavsgate var som en gammel sang, sunget i myke toner av det daglige livet i Oslo. Gaten, som hadde vært vitne til generasjoner av hendelser og små mysterier, hadde en egen sjarm som ikke kunne ignoreres. Folk kom og gikk, men gaten forble uforanderlig, med sitt brosteinsbelagte fortau og de gamle, ærverdige bygningene som vitnet om tidens gang.

Og midt i denne gaten, i en av de eldste bygningene, bodde fru Pettersen. Hun hadde bodd i leiligheten sin i St. Olavsgate i over førti år, og selv om hun nå var en eldre dame, hadde hun alltid vært en nysgjerrig sjel. Det var som om nysgjerrighet var bakt inn i hennes DNA, og det var det som gjorde livet hennes så spennende.

Hver morgen satt fru Pettersen ved vinduet sitt med en kopp varm te, ser ut på gaten nedenfor. Hun så på menneskene som hastet forbi, lurt på hvor de skulle og hva som drev dem. Hun hadde gitt hvert av dem navn og bakgrunnshistorier, og i sitt stille sinn hadde hun komponert små melodier om deres liv. Selv om hun aldri hadde møtt de fleste av dem, følte hun at hun kjente dem.

Men det var én person i gaten som hadde fanget fru Pettersens oppmerksomhet mer enn noen andre. Han het Arne, og han eide den lille bokhandelen rett over veien. Fru Pettersen hadde alltid vært en ivrig leser, og hun kunne tilbringe timer i bokhandelen hans, snakke med Arne om bøker og livet. Det var noe ved ham som trakk henne til ham. Kanskje var det hans vennlige smil eller den måten han alltid hadde tid til å prate med henne.

Men en dag, da fru Pettersen var på vei til bokhandelen for å kjøpe den nyeste romanen av hennes favorittforfatter, oppdaget hun at bokhandelen var stengt. En håndskrevet lapp på døren informerte om at Arne hadde tatt en uventet ferie. Fru Pettersen ble bekymret. Arne hadde aldri tatt en uventet ferie før.

Hun bestemte seg for å finne ut hva som hadde skjedd med Arne. Hun begynte å stille spørsmål til folk i gaten, og det tok ikke lang tid før hun fikk høre rykter om at noe merkelig hadde skjedd med bokhandelen. Noen sa at de hadde sett mystiske lys om natten, mens andre hevdet å ha hørt rare lyder fra bygningen.

Fru Pettersen la sin nysgjerrighet til side og bestemte seg for å gå til politiet. Hun møtte den joviale politioverbetjenten Johansen, som også hadde bodd i St. Olavsgate i mange år. Johansen var kjent for å være en ressursfull detektiv, og fru Pettersen hadde alltid hatt stor respekt for ham.

Sammen begynte de å etterforske bokhandelens mystiske forsvinning. De spurte naboene, undersøkte omgivelsene og til og med besøkte bokhandelen om natten. Men de fant ingen spor av Arne. Han var som sunket i jorden.

Mens de fortsatte sin søken, ble fru Pettersen og overbetjent Johansen nærmere kjent. De delte historier om livet, drømmer og skuffelser. Fru Pettersen åpnet seg gradvis og fortalte om sitt eget liv, om hennes lengsel etter eventyr og kjærlighet som aldri hadde blitt besvart. Johansen lyttet med empati og forståelse.

Til slutt fant de et spor som førte dem til en gammel og forlatt kjeller under bokhandelen. Der, i mørket, fant de Arne, innesperret og forvirret. Han hadde blitt offer for en uheldig ulykke, da han forsøkte å reparere rørene i kjelleren. Fru Pettersen og Johansen hjalp ham ut, og Arne var evig takknemlig for deres hjelp.

Historien om Arnes forsvinning og redning spredte seg som en liten legende i St. Olavsgate. Og selv om det var et mysterium som ble løst, ble det også en påminnelse om samholdet og vennskapet som kunne finnes midt i selv de minste mysterier i livet.

Fru Pettersen fortsatte å sitte ved vinduet sitt og observere gaten nedenfor. Men nå hadde hun en ny venn i Johansen, og hun visste at hun aldri ville mangle selskap eller eventyr i St. Olavsgate. Det var noe bemerkelsesverdig med å være nysgjerrig, mente hun, for det var nysgjerrighet som førte til de mest fantastiske opplevelsene i livet. Og i St. Olavsgate, der hver dag var som en ny side i en uendelig bok, var det alltid noe spennende å oppdage.

Small Mysteries on St. Olav's Street

The story of St. Olav's Street was like an old song, sung in soft tones of daily life in Oslo. The street, which had witnessed generations of events and small mysteries, had a charm of its own that couldn't be ignored. People came and went, but the street remained unchanged, with its cobblestone sidewalks and the old, venerable buildings bearing witness to the passage of time.

And right in the middle of this street, in one of the oldest buildings, lived Mrs. Pettersen. She had resided in her apartment on St. Olav's Street for over forty years, and even though she was now an elderly lady, she had always been a curious soul. It was as if curiosity was woven into her DNA, and that's what made her life so exciting.

Every morning, Mrs. Pettersen sat by her window with a cup of hot tea, gazing out onto the street below. She watched the people rushing past, wondering where they were going and what drove them. She had given each of them names and backstories, and in her mind, she had composed little melodies about their lives. Even though she had never met most of them, she felt like she knew them.

But there was one person on the street who had captured Mrs. Pettersen's attention more than anyone else. His name was Arne, and he owned the small bookstore just across the road. Mrs. Pettersen had always been an avid reader, and she could spend hours in his bookstore, talking to Arne about books and life. There was something about him that drew her to him. Perhaps it was his friendly smile or the way he always had time to chat with her.

However, one day, as Mrs. Pettersen was on her way to the bookstore to buy the latest novel by her favorite author, she discovered that the bookstore was closed. A handwritten note on the door informed her that Arne had taken an unexpected vacation. Mrs. Pettersen became worried. Arne had never taken an unexpected vacation before.

She decided to find out what had happened to Arne. She began to ask people on the street questions, and it didn't take long before she heard rumors that something strange had happened to the bookstore. Some said they had seen mysterious lights at night, while others claimed to have heard strange noises from the building.

Mrs. Pettersen put her curiosity aside and decided to go to the police. She met the jovial Police Inspector Johansen, who had also lived on St. Olav's Street for many years. Johansen was known for being a resourceful detective, and Mrs. Pettersen had always had great respect for him.

Together, they began to investigate the mysterious disappearance of the bookstore. They interviewed neighbors, examined the surroundings, and even visited the bookstore at night. But they found no traces of Arne. He seemed to have vanished into thin air.

As they continued their search, Mrs. Pettersen and Inspector Johansen became better acquainted. They shared stories about life, dreams, and disappointments. Mrs. Pettersen gradually opened up and talked about her own life, her longing for adventure, and unrequited love. Johansen listened with empathy and understanding.

Eventually, they found a lead that led them to an old and abandoned cellar beneath the bookstore. There, in the darkness, they found Arne, trapped and confused. He had been the victim of an unfortunate accident when he tried to repair the pipes in the cellar. Mrs. Pettersen and Johansen helped him out, and Arne was eternally grateful for their assistance.

The story of Arne's disappearance and rescue spread like a small legend on St. Olav's Street. And although it was a mystery that had been solved, it also served as a reminder of the camaraderie and friendship that could be found in the midst of even the smallest mysteries in life.

Mrs. Pettersen continued to sit by her window and observe the street below. But now, she had a new friend in Johansen, and she knew that she would never lack for companionship or adventures on St. Olav's Street. There was something remarkable about being curious, she believed, for it was curiosity that led to the most extraordinary experiences in life. And on St. Olav's Street, where each day was like a new page in an endless book, there was always something exciting to discover.

En Sommer ved Sjøen

Historien begynner på en solfylt sommerdag ved kysten av Norge. Småbåter lå i ro på det blå vannet, og folk nøt den avslappende atmosfæren som bare en norsk sommer kunne tilby. I den lille fiskerlandsbyen Sjøvik bodde fru Jensen, en eldre kvinne med et hjerte fylt av historier og et smil som kunne lyse opp den mørkeste dagen.

Hun hadde bodd i Sjøvik hele livet og hadde aldri ønsket å forlate. Den lille røde hytten hennes hadde utsikt over sjøen, og hun elsket å sitte på verandaen og se bølgene rulle inn. Det var en enkel tilværelse, men det var rik på glede.

En dag mens fru Jensen plukket blomster i hagen sin, hørte hun en merkelig lyd. Det var som om noen gråt i det fjerne. Hun fulgte lyden og fant en ung mann ved navn Markus som satt på en brygge og gråt. Markus var en fremmed, og han hadde tydeligvis kommet fra et annet sted.

Fru Jensen satte seg ved siden av ham og spurte forsiktig hva som var galt. Markus kikket opp og fortalte henne sin triste historie. Han hadde mistet jobben sin, og kjæresten hans hadde forlatt ham. Han hadde ingen steder å dra og følte seg helt alene.

Fru Jensen lyttet med medfølelse og sa: "Du er velkommen til å bli her hos meg en stund. Vi kan hjelpe hverandre gjennom denne vanskelige tiden."

Markus takket henne med tårer i øynene, og han flyttet inn i den lille røde hytten. Sammen delte de måltider, historier og latter. Fru Jensen lærte Markus å fiske, og de tilbrakte mange dager på sjøen, fanget i øyeblikkets magi.

Sommeren fortsatte, og fru Jensen og Markus ble uatskillelige. De delte sine drømmer og håp, og de fant trøst i hverandres selskap. Markus begynte å hjelpe fru Jensen med å ordne og reparere ting rundt i huset, og han oppdaget gleden ved å leve et enkelt liv nær naturen.

En kveld, mens de satt ved bålet på stranden, sa Markus: "Jeg trodde livet mitt hadde falt i grus, men så fant jeg deg, fru Jensen. Du har gitt meg et nytt håp."

Fru Jensen smilte og svarte: "Vi finner ofte det vi trenger mest når vi minst venter det."

Sommersolen sank bak horisonten, og himmelen ble farget i varme toner av oransje og rosa. Fru Jensen og Markus satt hånd i hånd og så på solnedgangen. De visste at tiden ville komme for Markus å gå sin vei, men de ville alltid ha sommeren de tilbrakte sammen ved sjøen.

A Summer by the Sea

The story begins on a sunny summer day on the coast of Norway. Small boats rested on the calm blue waters, and people enjoyed the relaxing atmosphere that only a Norwegian summer could offer. In the small fishing village of Sjøvik lived Mrs. Jensen, an elderly woman with a heart full of stories and a smile that could brighten the darkest day.

She had lived in Sjøvik all her life and had never wanted to leave. Her little red cottage had a view of the sea, and she loved sitting on the porch and watching the waves roll in. It was a simple life but rich in joy.

One day, while Mrs. Jensen was picking flowers in her garden, she heard a strange sound. It was as if someone was crying in the distance. She followed the sound and found a young man named Markus sitting on a dock, in tears. Markus was a stranger, and he had clearly come from somewhere else.

Mrs. Jensen sat down beside him and gently asked what was wrong. Markus looked up and told her his sad story. He had lost his job, and his girlfriend had left him. He had nowhere to go and felt utterly alone.

Mrs. Jensen listened with compassion and said, "You are welcome to stay with me for a while. We can help each other through this difficult time."

Markus thanked her with tears in his eyes, and he moved into the little red cottage. Together, they shared meals, stories, and laughter. Mrs. Jensen taught Markus how to fish, and they spent many days on the sea, captivated by the magic of the moment.

The summer went on, and Mrs. Jensen and Markus became inseparable. They shared their dreams and hopes, and they found comfort in each other's company. Markus began to help Mrs. Jensen with fixing and repairing things around the house, and he discovered the joy of living a simple life close to nature.

One evening, as they sat by the bonfire on the beach, Markus said, "I thought my life had fallen apart, but then I found you, Mrs. Jensen. You have given me new hope."

Mrs. Jensen smiled and replied, "We often find what we need most when we least expect it."

As the summer sun dipped below the horizon, the sky was painted in warm shades of orange and pink. Mrs. Jensen and Markus sat hand in hand, watching the sunset. They knew that the time would come for Markus to go his own way, but they would always have the summer they spent together by the sea.

Den Glemte Skatten

Historien starter i den lille fjellandsbyen Vardalen, langt inne i de norske fjellene. Dette var et sted hvor tiden syntes å ha stått stille. Husene var små og koselige, og innbyggerne levde et enkelt og lykkelig liv.

En av landsbyens mest elskede innbyggere var en eldre herre ved navn Olav. Han var kjent for å være en vandrer og eventyrer i sin ungdom, og hans barnebarn elsket å høre hans fantastiske historier. Olav hadde alltid en glimt i øyet og et smil på leppene, selv om han nå var en mann i alderdommen.

En dag mens han gikk på en av sine daglige turer i fjellene, kom Olav over en gammel bok som var gjemt blant klippene. Boken var full av kryptiske tegn og notater, og den luktet av eventyr. Olav, som alltid hadde vært nysgjerrig, bestemte seg for å ta med boken hjem og forsøke å dechiffrere dens hemmeligheter.

Han tilbrakte dager og netter med å studere boken, og til slutt fant han ut at den inneholdt ledetråder til en skatt som hadde vært tapt i generasjoner. Skatten skulle være gjemt et sted i de majestetiske fjellene i Vardalen. Olav kunne ikke tro sin lykke. Han bestemte seg for å sette i gang på en siste eventyr, selv om han var en eldre mann nå.

Olav begynte å forberede seg til sitt episke søk. Han fortalte barnebarnet sitt, Elin, om oppdagelsen og ba henne om hjelp. Elin, som hadde arvet bestefarens eventyrlyst, var umiddelbart ivrig etter å bli med. Sammen bestemte de seg for å begynne jakten på den glemte skatten.

De tok med seg enkle forsyninger, klatreutstyr og den gamle boken som deres guide. Olav og Elin klatret opp de bratte fjellsidene, utforsket huler og fulgte ledetråder som boken ga dem. Underveis møtte de utfordringer og farer, men deres kjærlighet for hverandre og eventyret holdt dem i gang.

Månedene gikk, og de fortsatte sin søken, men skatten forble uoppdaget. Noen begynte å tvile på om skatten virkelig eksisterte, men Olav og Elin ga aldri opp håpet. De visste at det var mer enn bare skatten som betydde noe nå. Det var båndet de hadde styrket og minnene de hadde skapt sammen.

Til slutt, etter utallige prøvelser og feil, fant de seg selv i en skjult dal høyt oppe i fjellene. Der, under en gammel eik, fant de endelig skatten. Den var ikke en skatt av gull og juveler, men en samling av bøker, fylt med visdom og kunnskap fra tidligere generasjoner.

Olav og Elin innså at skatten de hadde funnet var langt mer verdifull enn noe materielt. Den inneholdt historiene og erfaringene til menneskene som hadde levd i Vardalen gjennom årene. De bestemte seg for å dele denne skatten med landsbyens folk, slik at de kunne lære av historien og kulturen sin.

De hadde funnet den virkelige skatten i livet - kunnskap, eventyr og kjærlighet.

The Forgotten Treasure

The story begins in the small mountain village of Vardalen, deep within the Norwegian mountains. This was a place where time seemed to have stood still. The houses were small and cozy, and the inhabitants led a simple and happy life.

One of the village's most beloved residents was an elderly gentleman named Olav. He was known to be a wanderer and adventurer in his youth, and his grandchildren loved to hear his fantastic stories. Olav always had a twinkle in his eye and a smile on his lips, even though he was now a man in his old age.

One day, while he was out on one of his daily walks in the mountains, Olav came across an old book hidden among the rocks. The book was filled with cryptic symbols and notes, and it smelled of adventure. Olav, who had always been curious, decided to take the book home and try to decipher its secrets.

He spent days and nights studying the book, and eventually, he figured out that it contained clues to a treasure that had been lost for generations. The treasure was said to be hidden somewhere in the majestic mountains of Vardalen. Olav couldn't believe his luck. He decided to embark on one last adventure, even though he was an old man now.

Olav began preparing for his epic quest. He told his granddaughter, Elin, about the discovery and asked for her help. Elin, who had inherited her grandfather's spirit of adventure, was immediately eager to join. Together, they decided to begin the hunt for the forgotten treasure.

They brought along simple supplies, climbing gear, and the old book as their guide. Olav and Elin climbed the steep mountain slopes, explored caves, and followed the clues provided by the book. Along the way, they faced challenges and dangers, but their love for each other and the adventure kept them going.

Months passed, and they continued their quest, but the treasure remained undiscovered. Some began to doubt whether the treasure truly existed, but Olav and Elin never gave up hope. They knew that it was more than just the treasure that mattered now. It was the bonds they had strengthened and the memories they had created together.

Eventually, after countless trials and errors, they found themselves in a hidden valley high in the mountains. There, beneath an ancient oak tree, they finally discovered the treasure. It was not a treasure of gold and jewels but a collection of books filled with wisdom and knowledge from generations past.

Olav and Elin realized that the treasure they had found was far more valuable than anything material. It contained the stories and experiences of the people who had lived in Vardalen over the years. They decided to share this treasure with the people of the village so that they could learn from their history and culture.

They had found the real treasure in life - knowledge, adventure, and love.

Den Magiske Lysningen

Det var en gang en liten skog i Norge som ble kalt Skjærgrensen. Skogen var kjent for sin tettvokste løvverk og hemmelighetsfulle stemning. Mange hadde forsøkt å utforske den, men de som hadde våget seg inn, kom alltid ut med historier om mystiske hendelser og uforklarlige fenomener.

Blant dem som hadde hørt om Skjærgrensen var lille Emma, en nysgjerrig jente med flettet hår og gnistrende øyne. Hun var kjent for sin eventyrlyst og ønsket alltid å utforske det ukjente. En dag bestemte hun seg for å finne ut hva som skjulte seg inne i den trolske skogen.

Med en kurv fylt med mat og en gammel kompass som hennes bestefar hadde gitt henne, bega Emma seg inn i Skjærgrensen. Hver steg hun tok, ble møtt med suspekte lyder og bevegelser i buskene. Men hun lot seg ikke skremme, for hennes nysgjerrighet drev henne videre.

Etter flere timer med vandring nådde Emma en skjult lysning i skogen. I midten av lysningen sto en forhekset eik med blader som glitret som gull. Rundt treet danset små glødende ildfluer, og luften var fylt med en magisk melodi. Emma var fortryllet.

Hun bestemte seg for å sette seg ved foten av treet og observere den magiske lysningen. Etter en stund kom en skapning ut av skyggene. Det var en alv, med glitrende vinger og smilende øyne. Alven hilste Emma og spurte henne hva hun ønsket.

Emma forklarte at hun hadde kommet for å utforske skogen og at hun ønsket å lære mer om dens mysterier. Alvets smil ble enda bredere, og han begynte å fortelle henne historier om skogens hemmeligheter. Han snakket om trærnes visdom og dyrenes skjulte språk, om trolldom og magi som fløt gjennom luften.

Emma ble oppslukt av alvens historier, og tiden gikk uten at hun merket det. Hun visste at hun måtte forlate lysningen før mørket falt på, men hun lovet å komme tilbake og besøke alven igjen. Alvets glitrende vinger bar ham bort, og han forsvant inn i skyggene.

Emma fulgte stien tilbake til utkanten av Skjærgrensen, og med en kurv full av eventyr i hjertet, vendte hun tilbake til landsbyen. Hun hadde oppdaget en magisk verden inne i skogen, en verden som hadde blitt forvart av alvene.

Hun delte sine opplevelser med landsbyens folk, men få trodde på hennes historie om den magiske lysningen. Likevel ble Skjærgrensen et sted som Emma aldri kunne glemme. Hun visste at den hemmelighetsfulle skogen hadde enda flere mysterier å avsløre.

Og selv om mange aldri ville tro på hennes eventyr i Skjærgrensen, visste Emma at hun hadde funnet et sted hvor drømmer ble til virkelighet og nysgjerrighet førte til magi. For henne ville Skjærgrensen alltid være en kilde til undring og eventyr.

The Magical Clearing

Once upon a time, there was a small forest in Norway known as Skjærgrensen. The forest was famous for its dense foliage and mysterious ambiance. Many had attempted to explore it, but those who dared to enter always came out with stories of mysterious events and unexplained phenomena.

Among those who had heard about Skjærgrensen was little Emma, a curious girl with braided hair and sparkling eyes. She was known for her adventurous spirit and always wanted to explore the unknown. One day, she decided to find out what was hidden inside the enchanting forest.

With a basket filled with food and an old compass her grandfather had given her, Emma ventured into Skjærgrensen. Every step she took was met with suspicious sounds and movements in the bushes. But she wasn't easily frightened, for her curiosity propelled her forward.

After several hours of wandering, Emma reached a hidden clearing in the forest. In the middle of the clearing stood an enchanted oak tree with leaves that sparkled like gold. Small glowing fireflies danced around the tree, and the air was filled with a magical melody. Emma was entranced.

She decided to sit at the foot of the tree and observe the magical clearing. After a while, a creature emerged from the shadows.

It was an elf, with shimmering wings and smiling eyes. The elf greeted Emma and asked her what she wished for.

Emma explained that she had come to explore the forest and learn more about its mysteries. The elf's smile grew wider, and he began to tell her stories about the forest's secrets. He spoke of the wisdom of the trees and the hidden language of the animals, of sorcery and magic that flowed through the air.

Emma was captivated by the elf's stories, and time passed unnoticed. She knew she had to leave the clearing before darkness fell, but she promised to return and visit the elf again. The elf's shimmering wings carried him away, and he disappeared into the shadows.

Emma followed the path back to the edge of Skjærgrensen, and with a basket full of adventures in her heart, she returned to the village. She had discovered a magical world inside the forest, a world guarded by the elves.

She shared her experiences with the villagers, but few believed her story about the magical clearing. Nonetheless, Skjærgrensen became a place that Emma could never forget. She knew that the mysterious forest had even more mysteries to reveal.

And even though many would never believe her adventures in Skjærgrensen, Emma knew that she had found a place where dreams turned into reality and curiosity led to magic. For her, Skjærgrensen would always be a source of wonder and adventure.

Solen og Månen

I en tid langt tilbake i historien da verden fremdeles var ung, var det en vakker landsby ved foten av majestetiske fjell. Landsbyen var kjent for sin rolige skjønnhet og vennlige mennesker. Men selv om alt var idyllisk, hadde landsbyen en spesiell hemmelighet - en legende om Solen og Månen.

Ifølge legenden var Solen og Månen to elskere som alltid ble skilt av horisonten. Solen var en ung kvinne med varm hud og glitrende hår, og Månen var en ung mann med blek hud og stille styrke. De møttes bare på horisonten ved soloppgang og solnedgang, og selv om deres kjærlighet var intens, kunne de aldri være sammen.

Landsbyboerne trodde at Solen og Månen var voktere av balansen i verden. De anså dem som gudommelige skapninger, og de æret dem ved å feire soloppganger og solnedganger. De mente at når Solen og Månen møttes, ville det bringe lykke og velstand til landsbyen.

Men en dag begynte Månen å føle seg ensom. Han lengtet etter å være sammen med Solen, selv om han visste at det ikke var mulig. Han besluttet å dra på en reise for å finne en måte å være sammen med sin elskede.

Månen klatret opp på himmelen og vandret gjennom stjernene. Han møtte stjernevesener og lærte om kjærlighet og tålmodighet. Han spurte om råd fra stjerneprinser og dronninger om hvordan han kunne være sammen med Solen.

Til slutt, etter en lang reise, nådde han den magiske innsjøen der stjernene speilet seg. Innsjøen ble voktet av en eldgammel vannånd som hadde kjennskap til hemmeligheter fra tidens morgen. Månen ba vannånden om hjelp.

Vannånden lyttet til Månens hjertesukk og spurte ham: "Hva er du villig til å ofre for kjærligheten din?"

Månen tenkte nøye og svarte: "Jeg er villig til å ofre min lysstyrke, slik at vi kan være sammen i noen øyeblikk hver natt."

Vannånden nikket og ga Månen en spesiell dråpe av innsjøens vann. Dråpen hadde kraften til å dimme Månens lys, slik at han kunne være sammen med Solen.

Månen returnerte til himmelen, og hver natt, når han møtte Solen ved horisonten, ble hans lys mykt og dempet. Solen ble rørt av Månens offer og begynte å skinne litt svakere selv, slik at de kunne være sammen.

Landsbyboerne bemerket endringen på himmelen og lurte på hvorfor Solen og Månen virket annerledes. En klok eldste i landsbyen, som hadde kjennskap til legenden, forklarte at Solen og Månen hadde ofret sin egen lysstyrke for å være sammen.

Solen og Månen fortsatte å møtes ved horisonten hver dag, og deres kjærlighet ble feiret av landsbyen hver kveld. Legenden om Solen og Månen ble et symbol på kjærlighetens kraft, og den ble overlevert fra generasjon til generasjon som en påminnelse om at ekte kjærlighet kunne overvinne selv de mest umulige hindringer.

23

The Sun and the Moon

In a time long ago when the world was still young, there was a beautiful village at the foot of majestic mountains. The village was known for its tranquil beauty and friendly people. But even though everything was idyllic, the village had a special secret - a legend about the Sun and the Moon.

According to the legend, the Sun and the Moon were two lovers always separated by the horizon. The Sun was a young woman with warm skin and sparkling hair, and the Moon was a young man with pale skin and quiet strength. They only met at the horizon during sunrise and sunset, and although their love was intense, they could never be together.

The villagers believed that the Sun and the Moon were guardians of the balance in the world. They regarded them as divine beings and honored them by celebrating sunrises and sunsets. They believed that when the Sun and the Moon met, it would bring happiness and prosperity to the village.

But one day, the Moon began to feel lonely. He longed to be with the Sun, even though he knew it was impossible. He decided to embark on a journey to find a way to be with his beloved.

The Moon climbed up into the sky and walked through the stars. He met star creatures and learned about love and patience. He sought advice from star princes and queens on how he could be with the Sun.

Finally, after a long journey, he reached the magical lake where the stars were reflected. The lake was guarded by an ancient water spirit that held secrets from the dawn of time. The Moon asked the water spirit for help.

The water spirit listened to the Moon's heartfelt pleas and asked him, "What are you willing to sacrifice for your love?"

The Moon thought carefully and replied, "I am willing to sacrifice my brightness, so we can be together for a few moments every night."

The water spirit nodded and gave the Moon a special drop of the lake's water. The drop had the power to dim the Moon's brightness so that he could be with the Sun.

The Moon returned to the sky, and every night, when he met the Sun on the horizon, his light was soft and subdued. The Sun was touched by the Moon's sacrifice and began to shine a little less herself, so they could be together.

The villagers noticed the change in the sky and wondered why the Sun and the Moon appeared different. A wise elder in the village, who knew the legend, explained that the Sun and the Moon had sacrificed their own brightness to be together.

The Sun and the Moon continued to meet at the horizon every day, and their love was celebrated by the village every evening. The legend of the Sun and the Moon became a symbol of the power of love, passed down from generation to generation as a reminder that true love could overcome even the most impossible obstacles.

Det Sjarmerende Pensjonatet ved Fjorden

For et stille, lite pensjonat i Norge ved navn "Fjordly," var hver dag en historie, og hver gjest brakte med seg en ny vinkel på livet. Pensjonatet var kjent for sin unike beliggenhet ved kysten av en majestetisk fjord, og for den hjertelige vertinnen, Frøya, som styrte stedet med en blanding av vennlighet og nysgjerrighet.

Frøya var en kvinne av en viss alder, med sølvgrått hår og et blikk som avslørte hennes evne til å lese mennesker som en åpen bok. Hun hadde alltid elsket å høre gjestenes historier, og hennes pensjonat hadde blitt et sted for dem som søkte en pause fra hverdagens kjas og mas og et sted hvor historier ble delt og vennskap ble knyttet.

En solfylt sommerdag ankom en ny gjest, en stille og tankefull mann ved navn Henrik. Han hadde reist til pensjonatet for å finne ro og inspirasjon til å fullføre sin roman. Henrik var en forfatter som hadde mistet tråden i sitt eget livsfortelling og lette etter en måte å finne den igjen.

Frøya hilste ham hjertelig velkommen og ga ham en nøkkel til et rom med utsikt over den speilblanke fjorden. Henrik satte seg ved vinduet og begynte å skrive, men ordene nektet å strømme som de en gang hadde gjort. Han følte seg låst i en skrivesperre som var like ugjennomtrengelig som fjellene som omringet ham.

Henrik vandret langs fjorden og opp i skogene, og han hørte stadig lyden av vannet som hvisket trøstende ord. Men fremdeles eluderte ordene ham, og han ble mer og mer frustrert.

En kveld, da solen smeltet inn i horisonten, inviterte Frøya Henrik til å sitte sammen med henne på verandaen. De delte en kopp te og et øyeblikks stillhet før Frøya begynte å snakke. Hun fortalte ham om pensjonatets lange historie, om de mange gjestene som hadde funnet inspirasjon og fornyelse her, og om fjorden som alltid hadde vært en kilde til visdom og trøst.

Henrik lyttet nøye til Frøyas ord og begynte å forstå at inspirasjon ikke alltid kom som en flom, men av og til som en rolig bekk som sildret stille. Han innså at det å finne sin egen historie ikke handlet om å tvinge ordene ut, men om å lytte til stillheten og la historien finne sin egen vei.

De følgende ukene ble Henrik en fast gjest ved pensjonatet, og han begynte å finne inspirasjon i de små øyeblikkene. Han skrev om fjorden, om Frøya, og om de andre gjestene som hadde kommet og gått. Hans ord ble som poesi, og historien hans ble en hyllest til livet ved Fjordly.

Som tiden gikk, ble pensjonatet ved fjorden et samlingssted for kunstnere, forfattere og reisende som alle lette etter en pause fra hverdagen. Frøya delte sin visdom og lyttet til gjestenes historier, og Fjordly ble mer enn bare et sted å hvile hodet. Det ble et sted for å finne sin egen historie og forståelsen av livets skjønnhet.

Henrik fullførte sin roman, en hjertevarm historie om mennesker som fant inspirasjon og fornyelse ved kysten av en majestetisk fjord. Boken ble en suksess, men det som var viktigere for Henrik, var at han hadde funnet sin egen historie og fornyet sitt syn på livet.

Pensjonatet ved fjorden forble et sted for de som søkte inspirasjon og forståelse. Det var et sted der solen og månen danset på himmelen, og fjorden hvisket visdom til de som lyttet. Frøya fortsatte å hilse gjester velkommen med et smil og en nysgjerrig glimt i øyet, og hennes pensjonat ved fjorden ble et sted hvor historier ble født, og liv ble forvandlet av skjønnhet og enkelhet.

The Charming Inn by the Fjord

For a quiet little inn in Norway called "Fjordly," every day was a story, and every guest brought a new perspective on life. The inn was known for its unique location by the coast of a majestic fjord and for the warm-hearted hostess, Freya, who ran the place with a blend of kindness and curiosity.

Freya was a woman of a certain age, with silver-gray hair and a gaze that revealed her ability to read people like an open book. She had always loved to hear guests' stories, and her inn had become a place for those seeking a break from the hustle and bustle of everyday life, a place where stories were shared, and friendships were forged.

One sunny summer day, a new guest arrived, a quiet and contemplative man named Henrik. He had traveled to the inn to find peace and inspiration to complete his novel. Henrik was a writer who had lost the thread of his own life's story and was searching for a way to rediscover it.

Freya warmly welcomed him and handed him a key to a room with a view of the tranquil fjord. Henrik sat by the window and began to write, but the words refused to flow as they once had. He felt locked in a writer's block as impenetrable as the mountains surrounding him.

Henrik roamed along the fjord and into the forests, continually hearing the comforting whispers of the water. But still, the words eluded him, and his frustration grew.

One evening, as the sun melted into the horizon, Freya invited Henrik to sit with her on the veranda. They shared a cup of tea and a moment of silence before Freya began to speak. She told him about the inn's long history, the many guests who had found inspiration and renewal there, and the fjord, which had always been a source of wisdom and solace.

Henrik listened closely to Freya's words and began to understand that inspiration didn't always come as a flood but sometimes as a gentle stream trickling quietly. He realized that finding his own story wasn't about forcing words out but about listening to the silence and letting the story find its own way.

In the following weeks, Henrik became a regular guest at the inn, and he started to find inspiration in the small moments. He wrote about the fjord, about Freya, and about the other guests who had come and gone. His words became like poetry, and his story became a tribute to life at Fjordly.

As time went on, the inn by the fjord became a gathering place for artists, writers, and travelers, all seeking a break from their daily routines. Freya shared her wisdom and listened to the guests' stories, and Fjordly became more than just a place to rest one's head. It became a place to find one's own story and an understanding of the beauty of life.

Henrik completed his novel, a heartwarming tale of people finding inspiration and renewal by the coast of a majestic fjord.

The book became a success, but more importantly, for Henrik, it meant that he had found his own story and renewed his perspective on life.

The inn by the fjord remained a place for those seeking inspiration and understanding. It was a place where the sun and the moon danced in the sky, and the fjord whispered wisdom to those who listened. Freya continued to welcome guests with a smile and a curious glint in her eye, and her inn by the fjord became a place where stories were born, and lives were transformed by beauty and simplicity.

Te og Filosofi ved Solnedgangen

I den lille byen Langviken, dypt inne i Norge, fantes det en liten tebutikk som het "Teens hemmelighet." Den ble drevet av en eldre dame ved navn Greta. Greta hadde viet hele sitt liv til te og filosofi, og butikken hennes var kjent for å være et hellig sted for de som søkte visdom og refleksjon.

Greta var en kvinne av en viss alder, med et vennlig smil og sølvhvitt hår. Hun hadde studert filosofi i sin ungdom og hadde alltid hatt en lidenskap for å utforske livets dypeste spørsmål. Etter å ha reist verden rundt for å studere forskjellige kulturer og filosofier, bestemte hun seg for å slå seg ned i Langviken og åpne sin egen tebutikk.

Hver morgen begynte Greta dagen med å velge nøye ut blader og urter for å brygge den perfekte teen. Hun serverte den i vakre keramikkopper og ga den til gjestene med en vennlig samtale og et inviterende smil. Men det som gjorde butikken hennes ekstraordinær, var hennes evne til å kombinere teen med filosofiske samtaler.

En solfylt dag kom en ung mann ved navn Erik inn i butikken. Han var en nysgjerrig sjel som hadde reist langt og bredt i søken etter svar på livets spørsmål. Erik hadde hørt om "Teens hemmelighet" fra en venn og hadde bestemt seg for å besøke butikken for å se om han kunne finne noe visdom.

Greta hilste Erik hjertelig velkommen og serverte ham en kopp med grønn te. De satte seg sammen ved et gammelt trebord ved vinduet og begynte å prate. Greta spurte ham om hans reiser og erfaringer og begynte å dele sin egen visdom om livet.

Erik var oppslukt av Greta's ord. Hun snakket om enkelhetens skjønnhet, om å være til stede i øyeblikket og om å omfavne livets mysterier. Greta oppmuntret ham til å stille spørsmål, å utforske sin indre verden og å finne glede i de små tingene.

Møtene mellom Erik og Greta ble hyppigere. Han besøkte butikken regelmessig, og hver gang fikk han en ny kopp te og en ny dose visdom. De snakket om eksistensialisme, lykke, og meningen med livet. Greta delte historier fra sitt eget liv og fra de vismennene hun hadde møtt på sine reiser.

En kveld satt de sammen på butikkens veranda og så på solnedgangen over fjorden. Greta sa: "Se på den solen som synker under horisonten. Det minner oss om at selv når dagen går mot slutten, kan vi alltid finne skjønnhet og ro."

Erik smilte og takket Greta for hennes visdom og vennskap. Han hadde funnet mye mer enn han hadde forventet i "Teens hemmelighet." Han hadde funnet veiledning og en mentor i Greta.

Tiden gikk, og Erik fortsatte å besøke butikken og nyte te og filosofiske samtaler med Greta. Han begynte å føle seg mer hjemme i Langviken og innså at han hadde funnet sitt eget lille hjørne av verden der han kunne dyrke sitt indre liv og utforske livets dype spørsmål.

En dag fortalte Greta Erik at hun hadde bestemt seg for å pensjonere seg og lukke butikken. Hun ønsket å reise og oppleve nye eventyr i sitt livs høst. Erik ble trist ved tanken om å miste sin venn og mentor, men Greta forsikret ham om at de alltid ville ha deres felles minner og filosofiske samtaler.

Greta forlot Langviken og reiste ut i verden, og Erik ble igjen for å videreføre arven fra "Teens hemmelighet." Han åpnet sitt eget tehus og begynte å dele den visdommen han hadde lært av Greta med andre. Hans tehus ble et sted for refleksjon og diskusjon, og det ble et hjerte for lokalsamfunnet.

Selv om Greta var borte, levde hennes visdom og filosofi videre i hjertene til de som hadde blitt berørt av hennes ord. "Teens hemmelighet" ble en legende i Langviken, en påminnelse om at visdom kan bli funnet i de mest uventede steder og at en god kopp te kan være starten på en reise mot dypere forståelse.

Tea and Philosophy at Sunset

In the small town of Langviken, deep within Norway, there existed a quaint tea shop named "Tea's Secret." It was run by an elderly woman named Greta. Greta had dedicated her entire life to tea and philosophy, and her shop was renowned as a sacred place for those seeking wisdom and contemplation.

Greta was a woman of a certain age, with a friendly smile and silver-white hair. She had studied philosophy in her youth and had always possessed a passion for exploring life's profound questions. After traveling the world to study various cultures and philosophies, she decided to settle in Langviken and open her own tea shop.

Every morning, Greta would begin her day by carefully selecting leaves and herbs to brew the perfect tea. She served it in beautiful ceramic cups, offering it to her guests along with engaging conversation and an inviting smile. However, what made her shop extraordinary was her ability to combine tea with philosophical discussions.

One sunny day, a young man named Erik walked into the shop. He was a curious soul who had traveled far and wide in search of answers to life's questions. Erik had heard about "Tea's Secret" from a friend and decided to visit the shop to see if he could find some wisdom.

Greta warmly welcomed Erik and served him a cup of green tea. They sat together at an old wooden table by the window and began to chat. Greta asked him about his travels and experiences, and she started to share her own wisdom about life.

Erik was captivated by Greta's words. She spoke of the beauty of simplicity, of being present in the moment, and of embracing life's mysteries. Greta encouraged him to ask questions, to explore his inner world, and to find joy in the small things.

Their meetings became more frequent in the following weeks. Erik visited the shop regularly, and each time, he received a fresh cup of tea and a new dose of wisdom. They discussed existentialism, happiness, and the meaning of life. Greta shared stories from her own life and from the wise individuals she had encountered on her travels.

One evening, they sat together on the shop's veranda and watched the sunset over the fjord. Greta said, "Look at that sun sinking beneath the horizon. It reminds us that even as the day comes to an end, we can always find beauty and serenity."

Erik smiled and thanked Greta for her wisdom and friendship. He had found much more than he had expected at "Tea's Secret." He had found guidance and a mentor in Greta.

Time passed, and Erik continued to visit the shop, enjoying tea and philosophical conversations with Greta. He started to feel more at home in Langviken and realized that he had found his own little corner of the world where he could nurture his inner life and explore life's profound questions.

One day, Greta informed Erik that she had decided to retire and close the shop. She wanted to travel and embark on new adventures in her life's autumn. Erik felt sad at the thought of losing his friend and mentor, but Greta assured him that they would always have their shared memories and philosophical discussions.

Greta left Langviken and journeyed into the world, and Erik remained behind to carry on the legacy of "Tea's Secret." He opened his own tea house and began to share the wisdom he had learned from Greta with others. His tea house became a place for reflection and discussion, and it became the heart of the community.

Even though Greta was gone, her wisdom and philosophy lived on in the hearts of those who had been touched by her words. "Tea's Secret" became a legend in Langviken, a reminder that wisdom can be found in the most unexpected places, and that a good cup of tea can be the beginning of a journey toward deeper understanding.

Mysteriet i Nattens Skog

I en avsidesliggende skog dypt inne i Norge, der sollyset sjelden fant sin vei, hvilte en mystisk tåke hver natt. Denne skogen var kjent som "Måneskog," og ryktene som omgav den, fortalte om skygger som beveget seg i mørket og ukjente vesener som hvisket hemmeligheter til de tappre sjelene som våget seg inn.

Midt i Måneskogen lå en liten hytte, nesten bortgjemt blant de tette trærne. Denne hytten var bebodd av en eldre kvinne ved navn Ingrid. Hun var kjent som skogens vokter og var en enestående skikkelse i bygda. Ingrid hadde bodd i Måneskogen i årevis og hadde aldri følt seg redd for dens mystiske hemmeligheter.

Ingrid var en kvinne med langt sølvhvitt hår og gnistrende øyne. Hun hadde viet sitt liv til å forstå skogens hemmeligheter og for å beskytte den. Ingrid trodde på skogens magi og den rolige visdommen den hadde å tilby.

En mørk natt, da tåken hadde senket seg som et tykt teppe over Måneskogen, hørte Ingrid et merkelig lyd. Det var som om en fjern sang fløt gjennom trærne. Hun fulgte lyden til dens kilde og kom til en lysning i skogen. Der sto en ung mann, en fremmed, med musikk i hendene og en melodi på leppene.

Ingrid hilste mannen forsiktig og spurte hva han gjorde i Måneskogen. Han fortalte henne om sitt ønske om å finne inspirasjon til sin musikk og at han hadde hørt om skogens mystikk. Ingrid smilte og forsto hans lengsel etter å finne magien i skogen.

De tilbrakte natten sammen i samtale og musikk. Mannens melodier flettet seg sammen med skogens naturlige lyder, og det føltes som om naturen selv svarer på hans sang. Ingrid delte noen av skogens hemmeligheter med ham og ga ham råd om hvordan han kunne finne inspirasjon i Måneskogen.

Mannen, som het Anders, ble rørt av Ingrids visdom og ble værende i skogen i flere dager. Han begynte å utforske skogens magi og notere ned de naturlige lydene og melodiene han fant. Han innså at skogen hadde sin egen rytme og harmoni som han kunne tolke i sin musikk.

Men Måneskogen hadde også sine farer. En natt, da tåken lå tykk som alltid, begynte skygger å bevege seg rundt hytten til Ingrid. Anders hørte uvanlige lyder og skyndte seg for å beskytte henne. Han fant henne i hytten, skjelvende av frykt.

Ingrid forklarte at skogen hadde sitt eget vern, og at det var viktig å respektere den. Hun ba Anders om å lage en beskyttende melodi, en sang som kunne holde skogens farlige krefter i sjakk. Anders aksepterte utfordringen og begynte å komponere en melodi som kombinerte skogens mysterium og dets fredelige visdom.

Sammen arbeidet Ingrid og Anders gjennom mange netter, og til slutt ble melodien fullført. De fremførte den i skogen, og som de sang, begynte skyggene å trekke seg tilbake, og tåken løftet seg. Skogen hadde akseptert melodiens gave, og den ble en del av Måneskogens mystikk.

Anders fortsatte å utforske skogen og skape vakre musikalske stykker. Han besøkte Ingrid ofte og ble en del av skogens fellesskap. Måneskogen hadde avslørt sine hemmeligheter for ham, og han hadde funnet inspirasjon og fred i dens dybder.

Ingrid og Anders delte en spesiell tilknytning til skogen og til hverandre. De hadde lært at magien og mysteriene i naturen kunne være en kilde til visdom og inspirasjon for de som hadde hjerte til å lytte. Måneskogen ble ikke lenger ansett som farlig og mystisk, men som et sted der både musikk og hjerte kunne blomstre sammen.

The Mystery in the Forest of the Night

In a remote forest deep within Norway, where sunlight rarely found its way, a mysterious fog rested every night. This forest was known as the "Moonlit Forest," and the rumors surrounding it spoke of shadows moving in the darkness and unknown creatures whispering secrets to the brave souls who ventured in.

In the heart of the Moonlit Forest, there was a small cottage, nearly hidden among the dense trees. This cottage was inhabited by an elderly woman named Ingrid. She was known as the guardian of the forest and was a remarkable figure in the village. Ingrid had lived in the Moonlit Forest for years and had never been afraid of its mysterious secrets.

Ingrid was a woman with long silver-white hair and sparkling eyes. She had dedicated her life to understanding the forest's secrets and protecting it. Ingrid believed in the forest's magic and the quiet wisdom it had to offer.

One dark night, when the fog had descended like a thick blanket over the Moonlit Forest, Ingrid heard a strange sound. It was as if a distant song flowed through the trees. She followed the sound to its source and arrived at a clearing in the forest. There stood a young man, a stranger, with music in his hands and a melody on his lips.

Ingrid greeted the man gently and asked what he was doing in the Moonlit Forest. He told her about his desire to find inspiration for his music and how he had heard about the forest's mystique. Ingrid smiled and understood his longing to discover the magic in the forest.

They spent the night together in conversation and music. The man's melodies intertwined with the forest's natural sounds, and it felt as if nature itself responded to his song. Ingrid shared some of the forest's secrets with him and gave him advice on how to find inspiration in the Moonlit Forest.

The man, named Anders, was moved by Ingrid's wisdom and decided to stay in the forest for several days. He began to explore the forest's magic and took notes of the natural sounds and melodies he found. He realized that the forest had its own rhythm and harmony that he could interpret in his music.

But the Moonlit Forest also had its dangers. One night, when the fog was as thick as ever, shadows began to move around Ingrid's cottage. Anders heard unusual sounds and hurried to protect her. He found her trembling with fear in the cottage.

Ingrid explained that the forest had its own protection, and it was essential to respect it. She asked Anders to compose a protective melody, a song that could keep the forest's dangerous forces at bay. Anders accepted the challenge and began to create a melody that combined the forest's mystery and its peaceful wisdom.

Together, Ingrid and Anders worked through many nights, and eventually, the melody was completed. They performed it in the forest, and as they sang, the shadows began to retreat, and the fog lifted. The forest had accepted the gift of the melody, and it became a part of the Moonlit Forest's mystique.

Anders continued to explore the forest and create beautiful musical pieces. He visited Ingrid often and became a part of the forest's community. The Moonlit Forest had revealed its secrets to him, and he had found inspiration and peace in its depths.

Ingrid and Anders shared a special connection with the forest and with each other. They had learned that the magic and mysteries of nature could be a source of wisdom and inspiration for those who had the heart to listen. The Moonlit Forest was no longer considered dangerous and mysterious, but a place where both music and heart could thrive together.

Lyset i Skogens Hjerte

Langt inne i de frodige skogene i Trøndelag, der solstrålene sakte danset gjennom tretoppene og smykket bakken med sitt gyldne lys, lå landsbyen Bjørkehavn. Bjørkehavn var kjent for sitt nære fellesskap og for de vakre bjørkeskogene som omga den.

I Bjørkehavn bodde en ung kvinne ved navn Linnea. Hun var en lidenskapelig naturelsker og tilbrakte mye av sin tid i skogen. Linnea hadde arvet en gammel lanterne fra sin bestemor, en lanterne som var sagt å inneha magiske egenskaper.

Lanternen hadde en spesiell funksjon - den kunne avsløre skogens hjerte. Ifølge gamle legender kunne man finne en hemmelig kilde til visdom og innsikt ved å følge lyset fra denne lanterne dypt inn i skogen. Ingen hadde imidlertid klart å finne skogens hjerte på mange generasjoner.

Linnea var fascinert av denne historien og bestemte seg for å prøve å finne skogens hjerte. Hun bar lanternen forsiktig og bega seg ut en klar morgen da solen steg opp over horisonten. Lyset fra lanternen kastet et magisk skinn over trærne og stien foran henne.

Hun fulgte lyset dypere inn i skogen, forbi de velkjente stiene og de vakre blomsterengene. Hver skritt føltes som en del av et eventyr, og hun kunne kjenne skogens magi rundt seg. Fuglene sang, dyrene dukket opp fra sine skjulesteder, og vinden hvisket hemmeligheter i øret hennes.

Etter timer med vandring, nådde hun en avsidesliggende dal. Der, midt i dalen, oppdaget hun en spesiell kilde som glitret i lanterne lysskjær. Linnea visste umiddelbart at hun hadde funnet skogens hjerte.

Kilden hadde krystallklart vann som reflekterte sollyset og sendte fargerike regnbuer dansende over vannoverflaten. Linnea følte en indre ro og innsikt som hun aldri hadde opplevd før. Hun forsto at skogens hjerte var ikke bare et sted, men en følelse av harmoni og forbindelse med naturen.

Linnea tilbrakte flere dager ved kilden og lyttet til de visdomsrike ordene som ble hvisket av vinden og trærne. Hun innså at skogen hadde mye å lære oss om å leve i balanse med naturen og om å forstå den uendelige skjønnheten i verden rundt oss.

Da hun vendte tilbake til Bjørkehavn, hadde Linnea med seg en ny forståelse av naturen og skogens hjerte. Hun delte sine erfaringer med landsbyens beboere og oppfordret dem til å ta vare på skogen og den vakre naturen som omgav dem.

Linnea fortsatte å utforske skogen og dele sin visdom med de som ønsket å lytte. Hun visste at skogens hjerte ikke var et sted man kunne finne på et kart, men en følelse av tilhørighet og harmoni med naturen. Skogen og lyset fra lanterne minnet henne om at naturen hadde mye å lære oss, hvis vi bare tok oss tid til å lytte.

The Light in the Heart of the Forest

Deep within the lush forests of Trøndelag, where the sun's rays gently danced through the treetops, adorning the ground with its golden light, lay the village of Birchhaven. Birchhaven was known for its close-knit community and the beautiful birch forests that surrounded it.

In Birchhaven lived a young woman named Linnea. She was a passionate lover of nature and spent much of her time in the forest. Linnea had inherited an old lantern from her grandmother, a lantern said to possess magical properties.

The lantern had a special function - it could reveal the heart of the forest. According to ancient legends, one could find a hidden source of wisdom and insight by following the light from this lantern deep into the woods. However, no one had succeeded in finding the heart of the forest for many generations.

Linnea was fascinated by this story and decided to attempt to find the heart of the forest. She carried the lantern carefully and set out on a clear morning as the sun rose over the horizon. The light from the lantern cast a magical glow over the trees and the path before her.

She followed the light deeper into the forest, beyond the well-trodden trails and the beautiful flower meadows. Every step felt like part of an adventure, and she could feel the forest's magic all around her. The birds sang, the animals emerged from their hiding places, and the wind whispered secrets in her ear.

After hours of walking, she reached a secluded valley. There, in the middle of the valley, she discovered a special spring that sparkled in the lantern's soft glow. Linnea knew immediately that she had found the heart of the forest.

The spring had crystal-clear water that reflected the sunlight and sent colorful rainbows dancing over the water's surface. Linnea felt an inner peace and insight that she had never experienced before. She understood that the heart of the forest was not just a place but a feeling of harmony and connection with nature.

Linnea spent several days at the spring, listening to the wise words whispered by the wind and the trees. She realized that the forest had much to teach us about living in balance with nature and understanding the infinite beauty of the world around us.

When she returned to Birchhaven, Linnea brought with her a new understanding of nature and the heart of the forest. She shared her experiences with the village residents and encouraged them to cherish the forest and the beautiful nature that surrounded them.

Linnea continued to explore the forest and share her wisdom with those who were willing to listen. She knew that the heart of the forest was not a place to be found on a map but a feeling of belonging and harmony with nature. The forest and the light from the lantern reminded her that nature had much to teach us, if only we took the time to listen.

Regnens Symfoni

Bergen, med sin naturskjønnhet og brosteinsgater, var en by der regn var like mye en del av livet som luft og sollys. Innbyggerne i Bergen hadde lært å omfavne regnet og hadde funnet skjønnhet i dens stadige tilstedeværelse.

I en av de sjarmerende husene som prikket byen, bodde en ung kvinne ved navn Ingrid. Hun hadde alltid elsket regnet, og som barn hadde hun tilbrakt timer ute i hagen, dansende under dråpene og la regnet vaske bort bekymringene. Ingrid hadde en spesiell gave - hun kunne høre musikk i regnet.

Hver gang regnet begynte å falle, kunne Ingrid høre en subtil melodi som føltes som en symfoni av dråper som traff ulike overflater. Hun kunne høre forskjellen i tonen når regnet traff bladene på trærne, taket av huset eller vannpytter i gaten. Det var som om regnet kommuniserte med henne gjennom musikk.

En regnfull dag, da skyene hang lave over byen, bestemte Ingrid seg for å utforske Bergen på en ny måte. Hun tok med seg en paraply og gikk ut i regnet. Som hun vandret gjennom de brosteinsbelagte gatene, kunne hun høre regnets melodi tydeligere enn noensinne. Det var som om byen selv sang til henne.

Hun besøkte Bryggen, den historiske kaien, og lyttet til regnets musikk som danset over sjøen. Hun gikk til Fløyen og hørte regnet som trommet på trærne og buskene. Overalt hun gikk, opplevde hun Bergens sjarm på en ny måte gjennom regnets symfoni.

Men det var én spesiell plass som Ingrid lengtet etter å besøke - Fisketorget. Der, mellom fiskeboder og duften av frisk sjøluft, hadde hun alltid følt en spesiell forbindelse med regnet. Hun visste at regnet var en viktig del av livet til fiskerne, som til tross for vær og vind dro ut på havet for å fange fersk fisk.

På Fisketorget ble regnets musikk enda mer livlig. Dråpene trommet på fiskeboder og kasser, og Ingrid kunne høre historiene som regnet fortalte. Hun kunne høre styrken i fiskernes sang når de sang sjømannsviser og delte historier om havet.

Ingrid bestemte seg for å hilse på noen av fiskerne og takke dem for deres mot og dedikasjon til sjøen. De delte smil og historier, og hun kunne føle at de også hadde en spesiell forståelse for regnets symfoni.

Da Ingrid returnerte hjem, hadde hun fått en ny forståelse av Bergen og regnets rolle i byens liv. Regnet var ikke bare vær, det var musikk, historie og forbindelse. Hun bestemte seg for å skrive ned regnets melodi og historier, så andre også kunne oppleve Bergens unike skjønnhet.

Bergen hadde alltid vært spesiell for Ingrid, men nå hadde hun oppdaget en dypere forbindelse med byen gjennom regnet. Regnet var ikke lenger bare en naturlig forekomst, det var Bergens hjerte, som banket i takt med regnets melodi.

The Symphony of Rain

Bergen, with its natural beauty and cobblestone streets, was a city where rain was as much a part of life as air and sunlight. The residents of Bergen had learned to embrace the rain and had found beauty in its constant presence.

In one of the charming houses that dotted the city, lived a young woman named Ingrid. She had always loved the rain, and as a child, she had spent hours in the garden, dancing under the drops and letting the rain wash away her worries. Ingrid had a special gift - she could hear music in the rain.

Every time the rain began to fall, Ingrid could hear a subtle melody that felt like a symphony of drops hitting various surfaces. She could distinguish the difference in tone when the rain hit the leaves of the trees, the roof of the house, or puddles in the street. It was as if the rain communicated with her through music.

On a rainy day, when the clouds hung low over the city, Ingrid decided to explore Bergen in a new way. She took an umbrella and ventured out into the rain. As she strolled through the cobblestone streets, she could hear the rain's melody more clearly than ever. It was as if the city itself was singing to her.

She visited Bryggen, the historic wharf, and listened to the rain's music dancing over the sea. She went to Fløyen and heard the rain drumming on the trees and bushes. Everywhere she went, she experienced Bergen's charm in a new way through the symphony of rain.

But there was one special place that Ingrid longed to visit - the Fish Market. There, among fish stalls and the scent of fresh sea air, she had always felt a special connection with the rain. She knew that rain was an essential part of the lives of the fishermen, who, despite the weather, ventured out to sea to catch fresh fish.

At the Fish Market, the rain's music became even more lively. The drops drummed on fish stalls and crates, and Ingrid could hear the stories that the rain told. She could feel the strength in the fishermen's songs as they sang sea shanties and shared stories of the sea.

Ingrid decided to greet some of the fishermen and thank them for their courage and dedication to the sea. They shared smiles and stories, and she could feel that they also had a special understanding of the symphony of rain.

When Ingrid returned home, she had gained a new understanding of Bergen and the role of rain in the city's life. Rain was not just weather; it was music, history, and connection. She decided to write down the rain's melody and stories so that others could also experience the unique beauty of Bergen.

Bergen had always been special to Ingrid, but now she had discovered a deeper connection with the city through the rain. The rain was no longer just a natural occurrence; it was Bergen's heart, beating in time with the rain's melody.